FONTANESTADT NEURUPPIN

Alexander Bandilla

EDITION RIEGER

ANNO 1689 – Inschrift über der Tür des Hauses Schulzenstraße 6

Neuruppin-Spaziergang

Nicht nur einmal bin ich aus Neuruppin mit Bedauern nach Hause gefahren. Wieder hatte ich nur im Vorbeigehen und von ferne das eine oder andere gesehen, was mein Interesse bereits bei einem vorangegangenen Besuch geweckt hatte. Doch ich entfernte mich von dieser preußischsten aller Städte, die Schnelligkeit holte mich wieder ein.

Erneut in der Fontanestadt gehe ich dem Wunsch nach, der jedes Mal auf einer solchen Heimfahrt entstand: Ohne Zeitdruck durch Neuruppin zu spazieren, mich von der Stadt führen zu lassen.

Der Tag ist licht. Unter dem makellosen Blau des Himmels scheint das Herbstlaub zu strahlen. Der Bannkreis der riesigen Stadt Berlin liegt hinter mir. Links und rechts der Autobahn dehnen sich Waldstücke, Wiesen und Felder, Buschreihen begrenzen die Flächen, vereinzelt stehen Bäume. Zwischen kleiner werdenden Ortschaften steht hier und da ein Haus. Immer wieder empfängt mich das warme Leuchten der Farben. Das kühle Himmelblau spiegelt sich in den Luchwiesen. Immer weiter rückt der Horizont. Er wird unterbrochen von Windrädern und Kirchturmspitzen. Diese nannte meine Großmutter Zeigefinger Gottes. Waldlinien umspielen weitläufig meinen Weg, bis die Zwillingstürme der Klosterkirche Neuruppins die Nähe des Ortes anzeigen. Heute erreiche ich die kleine Stadt, die A 24 verlassend, über eine lange Zufahrt aus südlicher Richtung, vorbei an unscheinbaren Siedlerhäusern und sich aufdrängenden Gewerbeflächen.

Auf einer unmerklich beginnenden Allee, vorüber an den schlossartig angelegten Kliniken und an Häusern mit steigender Etagenzahl geht es auf den historischen Stadtkern zu. Dort, wo vor Zeiten ein Tor die alte Stadt beschloss, fordert heute eine große Kreuzung vom Verkehrsteilnehmer die ungeteilte Aufmerksamkeit. Fast übersehe ich das berühmte, von dem Bildhauer Max Wiese (1846–1925) geschaffene Fontane-Denkmal (1907). Dennoch folge ich meinem geplanten Weg. Ich biege nicht in die hier beginnende Hauptachse der Stadt in Richtung Zentrum ein, sondern lasse den ausruhenden Wanderer Fontane (1819–1898) mit dem Vorsatz und der Gewissheit hinter mir, ihn heute genauer in Augenschein zu nehmen. Ich umfahre die Altstadt bis zum Rheinsberger Tor am anderen Ende der Hauptstraße. Während ich mich diesem Ziel nähere, steigen aus Kindertagen Erinnerungen an die Fahrten zu den Großeltern in mir auf. Von Alt Ruppin kommend fuhren wir auf dem Weg zur Fernverkehrsstraße 5 auf dieser außerhalb der Wallanlage verlaufenden Straße am Neuruppiner Stadtkern vorbei. Dort, wo ich als Kind die Stadtmauer vermutete, sichtbar gleich hinter dem Wall, stehen Wohnhäuser und, ein ganzes Stück den Weg begleitend, eine Mauer, die klein und auffallend verziert und gar nicht wehrhaft ist. Erst einige Jahre später entdeckte ich den durch sie eingefassten Apollo-Tempel im Amalthea-Garten mit den Wegen unter rauschenden alten Bäumen.

Am kleinen Bahnhof am Rheinsberger Tor angelangt, stelle ich mein Auto ab. Ich liebe diesen Wall mit seinen Baumreihen sehr. Doch für einen Augenblick vermisse ich das ganz andere Ankommen in Neuruppin: das kurze Über-den-See-Schweben der Eisenbahn mit dem sich nach links öffnenden Blick auf die Silhouette der Stadt, auf die doppeltürmige Klosterkirche, die ziegelroten Mauern und Dächer, die alte Linde und die ausladende Eiche auf der Höhe der Promenade und den silbrig gegen den Wind stehenden Parzival (1998). Nach geruhsamer Fahrt durch eine fast mecklenburgische Landschaft gleitet der Zug über den Seedamm, und beim Aussteigen hier am kleinen Bahnhof am Rheinsberger Tor hatte ich immer das Gefühl, wirklich anzukommen.

In der Touristen-Information im Bahnhof finde ich einen Stadtplan. Für wenige Momente lehne ich nach einem herzhaften Imbiss mit geschlossenen Augen an einer Bahnhofsmauer. Die Sonne wärmt mich. Mein Ziel ist ein Gang durch die Stadt.

Mein erster Blick fällt in die matten, dunklen Fenster eines breit einladenden, auf den ersten Blick scheinbar ungenutzten Backsteingebäudes an der Hauptstraße gegenüber dem im Rhythmus des Fahrplans bevölkerten kleinen Bahnhof und dem Bahnübergang. Erst das Bogenschild mit der Aufschrift »Saal Restaurant Stadtgarten« über der Einfahrt im repräsentativen Zaun und das leuchtende Weiß des großen Saalanbaus lassen erkennen, dass das Gebäude bewirtschaftet wird. Auch die Jugendkunstschule nutzt hier Räume.

Einige Schritte weit lasse ich mich vom warmen Licht führen und gehe auf dem im Sonnenschein liegenden Bürgersteig. Was hat Bestand? Mein Blick hängt hinter vorbeifahrenden Autos weiter an den roten Backsteinen auf der anderen Straßenseite. Von dorther springt mir ein tiefblau-weißes Straßenschild aus Emaille mit der Aufschrift »Karl-Marx-Straße« ins Auge. Rechts daneben öffnet sich der Blick in die im Bogen verlaufende »Kommunikation«. Schmal wie eine Gasse läuft dieser gepflasterte Weg innerhalb der alten Stadtmauer immer noch fast vollständig um die ganze Altstadt. Ich bleibe auf der Hauptstraße, die vom Bahnhof kommend ganz sanft ansteigt, und ich überschreite neben baumhohen Mietshäusern mir zur Rechten die nicht sofort erkennbare alte Stadtbegrenzung. Ein kurzer Blick zurück. Wie schon oft erinnert mich der auffällige Rundbau am Bahnhof an mittelalterliche Wehranlagen, als hätte er zur Stadtbefestigung gehört. Vielleicht aber hat dieser Teil des Bahnhofsgebäudes eher einen Bezug zu den Türmen am Rheinsberger Schloss.

Ich wende den Blick wieder und nehme meinen Spaziergang auf. Fußgänger kommen mir entgegen, der Verkehr rattert über das Pflaster der Hauptstraße. Diese lange Wohn- und Geschäftsstraße mit platzartigen Verbreiterungen, verkehrsberuhigten Zonen, älteren und neueren Anpflanzungen, mal links, mal rechts, liegt in der Sonne vor mir. Ich bilde mir ein, durch die Stadt hindurch und am anderen Ende den ausruhenden und betrachtenden Fontane sitzen sehen zu können. Frisch restaurierte Häuser ziehen die Blicke auf sich. Auffällig pegelt sich ihre Traufhöhe auf ein gleiches Maß ein. Der Blick nach links, in die Steinstraße, und geradeaus zur Stadtmitte manifestiert eine Verabredung der Bauherren bzw. ein strenges Reglement der Baubehörde.

Keine Straßenschluchten, sondern Weite und viel Himmel bietet mir die Stadt hier. Raumgreifend platzieren sich in der Hauptstraße klassizistische Bürgerpalais nebeneinander. Nicht alle Gewerberäume sind bezogen. Die Läden erzählen vom kurzen oder sehr langen Atem der Händler. So gehen hier die Geschäfte, wie überall. Dazwischen harrt ein vernageltes Haus. In derselben Straßenflucht stehend wirkt es dennoch zurückgesetzt. Fenster und Türen sind an ihren großflächigen Kappen auszumachen. Das soll ein Schutz sein, aber in welche Richtung? Ganz offensichtlich beherrscht die allgegenwärtig nagende Zeit auch hier das Terrain.

Herbstlich leuchtende Farben überstrahlen die Fassaden und locken mich weiter. Eine Nuance des Augenblicks ist es, dass die Farbe der St. Marienkirche, heute genutzt als Konzert- und Veranstaltungsort, die gleiche ist wie die der herbstlichen Blätter, noch an den alten Bäumen knisternd oder schon auf dem Boden liegend, und das ganze Ensemble jeglicher Schwere zu entheben scheint. Der Schatten, den die hohen Bäume immer noch spenden, lässt das Goldgelb auf dieser Straßenseite fast glühen, während das ungetrübte Sonnenlicht dem gegenüberliegenden Gerichtsgebäude Minute um Minute jede Färbung zu entziehen scheint. Mit naiver Freude an dem Farbspiel und der luftigen Herbstblättersammlung verfolge ich nicht weiter die städtische Hauptachse, deren Pflaster wie geputztes Zinn das Licht reflektiert, sondern lasse mich seitab treiben, der herbstlich trockenen, lichtdurchfluteten Anlage hinter der Konzertkirche zu. Zwischen ehemals saftigen Rasenflächen beherrscht die Kreuzung der wegbietenden Platzdiagonalen eine weitausladende Eiche. Ihren Stamm umgibt eine gezimmerte Bank. Dieser Einladung zum Verweilen sind an diesem späten Vormittag zwei Männer gefolgt. In ihr schwerwiegendes Gespräch vertieft, Leinenbeutel der eine, eine Flasche der andere in der Hand, beachten sie ihre tollenden Hunde nicht. »Der Arbeitsgesellschaft geht die Arbeit aus.« Hannah Ahrends Prophezeiung schießt mir durch den Kopf.

Den unermüdlich arbeitenden Architekten und Bewahrer Karl Friedrich Schinkel (1781–1841) ehrte seine Vaterstadt mit einem Denkmal. Diese Anlage (1883) war der erste große Erfolg des Bildhauers Max Wiese, der ganz offensichtlich seinen Schinkel »gut ausstudiert« hatte, wie meine Großmutter sagen würde. Frisch restauriert steht die Statue auf antikisierendem Podium und beherrscht den weiten Platz zwischen Landratsamt, Kirche und Friedrichskaserne. Mich zieht es zum See. Wenige Schritte weiter jedoch halten schwarze Granitquader Biografisches zu Schinkel bereit. Ich umkreise das Denkmal und versuche dem Blick der Statue zu folgen. Gern wüsste ich, wie der große Stadtbrand von 1787 und das Aufbauen danach das Kind Karl Friedrich beeindruckt haben.

Über ausgebesserte Straßen stolpere ich neben der schlicht restaurierten Friedrichkaserne auf das neue alte Kopfsteinpflaster der Fischbänkenstraße, welche endlich die Sicht zum See freimacht. Gleichzeitig entdecke ich das Handwerksmuseum. Ich entscheide mich für den hier angebotenen Einblick in historische Handwerkstechniken und finde Zeugnisse einer vergangenen Lebensweise. Vor den Augen der Besucher, die mit den Informationsfluten der Gegenwart und sogar in virtuellen Welten leben, entfaltet dieses kleine Museum eine lebendige Sinnlichkeit, die fremd erscheint. »Schau mal, so was hatte meine Oma auch!« Die Besucher im Nebenraum sinnieren über Holzbohrer und Neuruppiner Spritze, Kachelöfen und deren besondere Wärme, alte Rezepte und neue Küchengeräte, über das frühere Leben mit dem Wechsel der Jahreszeiten und die heutige marktgesteuerte Missachtung der Natur. Im stillen Hof des Hauses trinke ich eine Tasse Tee.

Zurück auf der Fischbänkenstraße stehe ich nach wenigen Schritten vor dem Predigerwitwenhaus. Es liegt im Schatten, und die noch belaubten Linden, die den Neuen Markt umrahmen, rauschen leise. Das verhaltene Altrosa der Fassade, eine der Modefarben seiner Entstehungszeit, 1735/36, hebt das rekonstruierte Fachwerkhaus heute aus der Häuserzeile hervor. Dies Haus ist eines der wenigen Gebäude, welche der große Brand von 1787 nicht zerstörte. Kein Mensch weiß, warum. Nach dem Brand hat Karl Friedrich Schinkel hier als Kind gelebt, ein halbes Jahrhundert später auch die Mutter und die Schwester Theodor Fontanes. An die Zeit der dazwischen liegenden napoleonischen Kriege erinnern die in den Schaufenstern des Hauses angebotenen gusseisernen Repliken von Schalen und Leuchtern nach Entwürfen von Schinkel. »Gold geb ich für Eisen« war ein Losungswort der antinapoleonischen Bewegungen. Diese Gegenstände in der Auslage, das Haus, die ganze Stadtanlage weisen über ihre unmittelbare Präsenz hinaus. Wer aber ahnt schon, dass auf dem heute zum Spielplatz umgestalteten Neuen Markt, von wo mich gerade eine Salve Kinderlachen erreicht, vor 300 Jahren ein Galgen stand?

Am Marktende verengt sich die Fischbänkenstraße für nur wenige Meter zur Gasse, führt direkt zum See hinunter und läuft aus auf einem langen hölzernen Steg, der seinen Abschluss in einem Holzpavillon hat. Von hier aus, ein gutes Stück vom Ufer entfernt, öffnet sich wieder der Blick auf die Silhouette der Stadt. Sie liegt da vor mir, im leichten Wind und im Sonnenschein. So schön diese Ansicht ist, beim Blick über den See dieses ganze historisch Gewordene hinter mir zu wissen, macht mir den Gang auf der Promenade frei. So ein Städtchen wie dieses, für die einen unvergleichlicher Heimatort, für andere ein lebendiges und über viele Jahrhunderte hin entstandenes vielschichtiges Ganzes, dessen Anlage und Besonderheiten man einfach anschauen oder wie ein Buch lesen kann, zieht mich magisch an. Der Blick über den See gewährt trotz des regen Treibens auf der Seeuferpromenade Ruhe, auch Kraft. Ein Wind geht hier meistens, und der Klappgraben ergießt sich über große Steine hin in den See. Sein Plätschern klingt als Kontinuum zwischen den Wortfetzen und den Ansichten um mich her.

Im Uferschilf steht die hohe Edelstahlskulptur PARZIVAL (1998) von Matthias Zàgon Hohl-Stein. Sie überragt das bunte Promenadengewimmel. Symbolisch das Leben bewahrend hält sie in der rechten Hand eine

Arche. Das Windrad in ihrer linken vermag Strom für eine Fontäne auf dem See zu erzeugen (so zumindest hat es der Künstler ersonnen): Eine Metapher für das flüchtige Glück. Wohin aber schaut dieser Parzival, nach der Fontäne, oder, solange diese ausbleibt, in seine Vergangenheit? Schlägt ihm von dort ein heftiger Wind entgegen? Ich schaue die Statue an und höre das schwere Schlagen ihrer silberschimmernden Beinkleider. Wo auf dem See wird sich die Fontäne erheben?

Die Tafel bei der Figur zitiert Wolfram von Eschenbach, der über Parzival schrieb. »Das Weite war ihm viel zu eng / Und selbst das Breiteste zu schmal, / Was grün war, das erschien ihm fahl, / Die Rote Rüstung erschien ihm weiß, / Dies zwang sein Herz, die Augen auf.« Ich stehe daneben und schaue über den See zu den herbstlich belaubten Ufern. Im Ohr sind mir die Weltnachrichten der vergangenen Tage. Hier auf der Promenade sehe ich junge Familien und treffe auf ältere Paare, die ihren Frieden genießen. Der Himmel spiegelt sich im See. Fremde Menschen begegnen sich: am Eisstand, in einer nahen Galerie, bei der uralten Linde für Pater Wichmann auf der Uferhöhe, an der Klosterkirche, in der Gasse zur Siechenhauskapelle und dem Uphus, dem wohl ältesten, wunderbar restaurierten Haus der Stadt. Bis in diese Gasse war der große Brand nicht vorgedrungen.

Kapelle und Klosterkirche werde ich später einmal besuchen. Heute, bei so milder Herbstsonne, bleibt der Tag dem Gehen und Schauen vorbehalten. Und bevor ich durch die geöffneten Bögen der Stadtmauer auf den See schauen werde, möchte ich über das älteste Dominikanerkloster der Mark Brandenburg, das hier einst gestanden hat, und auch über Pater Wichmann, seinen Gründer, lesen.

Auch wenn das Treiben auf der Promenade und die mild wärmende Herbstsonne beim See zum Verweilen locken, zieht meine Neugierde mich die Uferböschung hoch, vorbei an der Wichmann-Linde, fast bis auf die Höhe der Siechenstraße. Ich schaue auf das begrünte Areal, welches die Kirche östlich und südlich umgibt. Das weitläufige Ganze erscheint mir künstlich, wie eine lange nicht bespielte große Bühne. Darüber weg und zwischen durchbrochener Stadtmauer und Kirchenschiff hindurch gelange ich zum westlichen Kirchenportal. Vor dieser heute schmucklosen Kirchenwand sollen sich einst die Kräutergärten des Klosters befunden haben. Die schmale Straße, welche ohne Anstieg auf das Portal zuläuft, trägt zu meinem Erstaunen den Namen Bergstraße. Nach wenigen Schritten stehe ich mitten auf einer Kreuzung. Die nur um weniges breitere Querstraße läuft nach links gegen die Stadtmauer. Diese gleichartigen Häuser hier sind ein Ensemble. Doch die geparkten Autos heben den Eindruck der maßvollen Anlage auf. Es sind die 1740 errichteten Kasernenstuben. Von Soldaten sollen sie nie bewohnt worden sein. 1743 verschenkte man sie nach Rücksprache mit dem König an »Familien niederer Stände, die fleißig für ihren Lebensunterhalt sorgten, auch arbeitsam Leute genannt«.

Von der Bergstraße aus kann man die Anlage der Kasernenstuben gut in Augenschein nehmen. An der Einmündung auf die Präsidentenstraße bemerke ich bei einem kurzen Blick auf meinen kleinen Stadtplan, dass ich den Bereich der Stadterweiterung betreten habe, welche nach dem großen Brand angelegt wurde. Die auffällige Straßenführung lässt regelmäßige, fast quadratische Quartiere erkennen. Mich zieht es wieder auf die Wallanlagen, unter die in Doppelreihen gepflanzten Bäume. Dort werde ich zum Fontane-Denkmal gelangen. Ich wende mich nach links zum See, um wenige Schritte später nach rechts abbiegend meinen Weg auf der Kommunikation entlang der Backsteinmauer fortzusetzen. Schnurgerade verläuft hier die auch Akzisemauer genannte Stadteinfassung. Hausgärten auf der rechten Seite und links diese backsteinerne Wand, in die in jüngerer Vergangenheit Garagentore eingelassen wurden. Sie bezeugen den Pragmatismus alltäglichen Lebens. Durch die Abschaffung beengender Steuern hatte die Stadtmauer 1875 ihren Sinn verloren. Die Tore wurden abgetragen und die Mauer wurde benutzt, wie man es brauchte. Da die Stadt seit der Mitte des 19. Jahrhunderts schnell über den alten Kern hinauswuchs, ist es verwunderlich, heute noch entlang der Mauer auf der Kommunikation um die Altstadt gehen zu können. Wären da nicht die auffällige Bauweise der Mauer und auch etliche Backsteine, die Wind und Wetter ausgeschliffen haben, und die im Sonnenlicht besonders kräftig leuchten, dann hätte ich auf diesem langen geraden Gang die Zeit und den Ort vergessen.

Die sich jenseits der Wallanlage erstreckende Erweiterung der Stadt beweist, dass Neuruppin über mehrere Jahrhunderte ein bedeutender Garnisonsstandort war. Die im 19. Jahrhundert außerhalb der Stadtbefestigung errichteten Militärbauten werden heute von Verwaltungen und von der Justiz genutzt. Bei einem kurzen Abstecher wiederum in Richtung See entdecke ich, dass sich heute in der vor dem Ersten Weltkrieg modernsten Kaserne ein Gymnasium befindet. Gern möchte ich glauben, dass dieser Tatsache mehr als nur kühles Effizienzdenken zu Grunde liegt.

Beim Gang zwischen den Doppelreihen der Eichen erblicke ich die hinter dem heutigen Rathaus zu Ehren des in Neuruppin geborenen Dichters Erich Arendt (1903–1984) vor Kurzem aufgestellte Stele. Sie wurde 1968 von Wieland Förster, einem der renommiertesten deutschen Bildhauer, geschaffen. Die Stadt hat sie aus Anlass des 100. Geburtstages des Dichters erworben. Ohne es zu ahnen, geht man auf die Skulptur zu. Im weiten Winkel zwischen Backsteinfassaden auf einer Wiese, im Hintergrund verläuft die Zufahrtsstraße zur Stadt vom Süden her, wurde die Stele mehrere Schritte von einer Terrasse entfernt ganz unauffällig zwischen schlanke Bäume gesetzt. Sie erscheint wie ein mannshoher Baumstumpf. Ich muss lächeln. Ungefähr so steht das Werk dieses Dichters heute in der deutschen Lyrik-Landschaft da.

Erich Arendt hat nicht über seine Heimatstadt geschrieben. Seine späten Essays über die Entwicklung von Architektur und Lebensweisen in verschiedenen Landschaften am Mittelmeer lassen jedoch vermuten, dass bereits hier im brandenburgischen Neuruppin, zwischen Feldern und Wäldern in der kleinen Stadt am See, sein Sinn für einfache und fundamentale Zusammenhänge erwachte. Diese Texte lassen auch erleben, mit welch feinen und genauen Unterscheidungen dieser Dichter seine Beobachtungen in seiner Muttersprache auszudrücken vermochte. Jedes einzelne Wort bildete für ihn auf besondere Art ein Stück der Welt ab. So erscheint seine Lyrik rudimentär, spröde. Aber auf diese Weise vermochte Erich Arendt die reichen und offenen Landschaften unseres Inneren zu erfassen. Als »lebendigen Aufstand gegen alles Lebensentwürdigende« verstand er seine Gedichte. Wo auch immer man sich befindet, es gibt keine Alternative mehr dazu, die eigenen Augen, die eigenen Sinne offenzuhalten, rebellisch und skeptisch. Wo das gilt, dort sei er angekommen, sagte Erich Arendt am Ende seines Lebens. Das währte fast das gesamte 20. Jahrhundert hindurch. Mir scheint das mehr als nur ein persönliches Fazit zu sein.

Ich verlasse die Anlage hinterm Rathaus auf demselben Weg, auf dem ich auch gekommen war, damit ich dem Wall folgend endlich auf das Fontane-Denkmal zugehen kann. Nach dem Erinnern der Arendt'schen Art fallen mir besonders die Ruhe und die Spannung dieser Skulptur auf. Sie präsentieren eine andere Unabdingbarkeit. Es ist das gelassene Schauen. Schnell ist die gediegen ausgeführte Skulptur des ausruhenden Wanderers erfasst, dessen Gedanken über das »weite Feld« zu gehen scheinen, nicht aber diese Gelassenheit. Erst aus der Zusammenschau des Gesichts dieses erfahrenen Mannes und der fast jugendlich straffen Körperhaltung, aus der Gleichzeitigkeit von ausschließender Beinstellung und aufnehmendem Beobachten, aus dem Gegensatz von barocker Opulenz des Ovals der Grundplatte – formgebend für die geschwungene Sitzbank – und dem klaren, gerichteten Blick, der diese Form durchschneidet, ergibt sich für mich der Eindruck: Diesem Dargestellten kann ich die Erkenntnis abnehmen: »Alles ist wichtig nur auf Stunden«. Und seine Gedichte »Überlaß es der Zeit« und »O trübe diese Tage nicht« empfinde ich als dringende Empfehlungen wider das Verbrennen in Alltag. Der vorbeirauschende Verkehr vermag nicht diesen Eindruck zu tilgen, im Gegenteil. Auf den seitlichen Stufen des Denkmals entdecke ich einen Strauß frischer Blumen. Ob jetzt gerade die Fontäne des Parzival aufsteigt?

Das Herbstlaub an den alten Bäumen auf dem Wall leuchtet immer noch warm. Ganz allmählich aber beginnen die Schatten länger zu werden. Meine Erfahrung ordnet ihnen sogleich feuchte abendliche Kühle zu. Tief steht die Sonne noch nicht, doch der Verkehr nimmt zu. Es ist später Nachmittag. Ich betrete wieder die Altstadt. Ein Stadttor lässt sich angesichts der Straßenbreite nicht einmal mehr erahnen. Das geschäftige Treiben überlagert den Gedanken an Akzisemauer und Kommunikation, die mein kleiner blauer Plan wie mit dem Lineal gezogen zu beiden Seiten der Straße ausweist. Bemerkenswert ist wieder die gleiche Traufhöhe der Häuser, ebenso die stilistische Ähnlichkeit und das Zierwerk an den Fassaden der bürgerlichen Wohnhäuser mit und ohne Geschäft oder der palaisartigen Stadthäuser mit Hofeinfahrten. Als der Brasch-Platz, den man wirklich riesig nennen muss, angelegt wurde, lebten die Menschen hier mit und vom Militär. Und so gab es inmitten einer mauerumschlossenen Stadt einen ausladenden quadratischen Exerzierplatz, gerahmt von einem architektonischen Gleichklang. Heute umlaufen den Platz doppelte Baumreihen. Sie geben jeder der vier Häuserreihen ein optisches Pendant. Die jeweils gegenüberliegende Platzseite aber scheinen sie ein Stück weiter zu entfernen.

1787 war diese über viele Jahrhunderte gewachsene Stadt fast vollständig niedergebrannt. Plan- und maßvoll ging man beim Wiederaufbau und der Erweiterung zu Werke. Die mit der Aufklärung zu allgemeiner Anerkennung gelangenden Wissenschaften boten Anregungen dazu. Neuruppin wurde eine Modellanlage und ist heute ein architektonisches Zeugnis der Aufklärung.

Bei meinen Gang durch die Stadt empfinde ich keine räumliche Enge oder Bedrängnis, sondern Weite. Augenscheinlich betraten die bauenden Bürger nach 1787 ganz neues Terrain. Sie griffen nach dem, was zu erwerben war: Boden, Fläche. Die 100 Jahre jüngeren Häuser auf dem kurzen Straßenabschnitt hin zum Schulplatz zeigen einen veränderten räumlichen Anspruch. Diese späteren Bauherren durchbrechen das Maß der stadtprägenden Traufhöhe. Man hatte gelernt, effizienter zu verwerten, auch den Grund und Boden. Man kann und will hoch hinaus, also baut man auf diese Art. Das Selbstverständnis der Bürger und ihr Blick in die Welt waren sichtbar verändert.

Auf dem Weg zum Schulplatz reiht sich Geschäft an Geschäft. Ein goldener Hirsch ruht als Hauszeichen darüber. Dann stehe ich an dem markanten Jugendstil-Eckhaus, welches auf so vielen Postkarten abgebildet ist. Vor mir liegt der Mittelpunkt der Stadt, der Schulplatz. Kein Rathaus dominiert den Platz, sondern das Alte Gymnasium. Heute wird es als Ausstellungsort genutzt. In Kürze wird es restauriert und soll erneut dem Lehren dienen, wie ich in der Lokalzeitung las.

1787 machten sich die Stadtbewohner die Gegebenheiten zu Nutze. Sie bauten nicht einfach wieder auf, sondern schufen sich Räume zum Leben, gaben ihnen heute noch sichtbare maßvolle Gestalt und hatten dabei mehr als nur ein Stadtbild im Blick. Civibus aevi futuri – »Den Bürgern der kommenden Zeit« steht über dem Schulportal. Erschien ihnen damals Wissen und Bildung als zentrale Aufgabe ihrer Zukunftsgestaltung? Das wäre eine bemerkenswerte Einstellung zu gemeinschaftlichem Leben und der Sicherung seiner Qualitäten.

Rechts neben dem Alten Gymnasium liegt ein ruhiges Areal, der Rosengarten mit Blumenrabatten und alten Bäumen. Durch ihre Stämme hindurch kann man in der Ferne die ehemalige Mädchenschule erkennen. In der Kellerwohnung wuchs Erich Arendt auf. Sein Vater war der Hausmeister. Hier im Rosengarten finden sich ein Denkmal für die Opfer des Faschismus (von dem Potsdamer Bildhauer Horst Misch) und eine Karl-Marx-Büste (von Fritz Cremer). Auf dem weiten Schulplatz, dem Gymnasium direkt gegenüber, erhebt sich ein Standbild des Preußenkönigs Friedrich Wilhelm II. Unter seiner Regentschaft wurde die Stadt wieder aufgebaut.

Viele haben an diesem Gymnasium ihre Reifeprüfung abgelegt. Darunter der Bildhauer Max Wiese und 1907 auch der Dichter Georg Heym (1887–1912). In seinem umfangreichen Werk findet sich ein Gedicht über Neuruppin. Es trägt zwei Titel: »Märzabend« und »Ein Abend in Neuruppin«.

Von spitzen Dächern stieg der Rauch
Auf in den blassen Frühlingshimmel.
Die untre Gasse füllte sich
Von Vieh und Mensch ein eng Gewimmel,
Ein Volk, das ohne Sehnsucht lebt.
So standen sie mit toten Augen,
Und fühlten nicht den Frühling rings.
Und mählich kam der Abend
In diese fremde Stadt.

Im lichten Schein der Abendwolken
Wuchsen die Bäume auf dem Wall
Noch höher auf und spannten sich
In kahlem, knospendem Geäst.
Wie schwarzer Flor auf rotem Grund
In breiten Streifen eingewebt,
Standen sie als die Sonne sank.

Ich stand gelehnt an eine Weide
Und sah dem frommen Wunder zu,
Wie alle Gründe und Gewässer tief
Das Licht der Sonne tausendfach
Rings in die dunkle Waldung strahlten,
Und Opferdämpfe stiegen auf
Aus See und Grund der Sonne zu.
Da schlief in mir die Sehnsucht ein,
Nur wie ein Tropfen klein
Versanken meine Schmerzen tief
Im Meer von meines Volkes Leide.

Der Gymnasiast und spätere Jurastudent Georg Heym war zu Konventionen seiner Zeit zunehmend auf Distanz gegangen. Der junge Dichter hatte gerade einen eigenen Ton in der Lyrik gefunden, als er im Winter 1912 bei dem Versuch, einem Freund das Leben zu retten, in der eisigen Havel ertrank.

Zurück auf dem Schulplatz sehe ich in einiger Entfernung die berühmte Löwen-Apotheke im Fontanehaus. Und vom Ende der Wichmannstraße leuchtet mir die helle Fassade des Museums der Stadt entgegen, dem Ort der Zusammenschau all jener historischen Vorgänge und Ereignisse, welche hier im Zentrum der Stadt so zum Greifen nahe zusammenrücken. Hinter dem Museum sind die hohen alten Bäume auszumachen, welche den Tempelgarten beschirmen. Ihr Rauschen hatte Achim von Arnim einst inspiriert. Auch diese drei Orte werde ich ein anderes Mal aufsuchen. Etwas bleibt immer offen.

Hinter dem Denkmal für Friedrich Wilhelm II. entdecke ich eine Passage. Vorbei an vielerlei Auslagen gelange ich auf einen Hof-Parkplatz und entdecke, dass ich mich dort befinde, wo Gustav Kühn seine allerorten beliebten Bilderbogen druckte. Von hier aus starteten die schnurrig-humoresken und auch todernsten Bilderbogen in Millionenauflage um die ganze Welt. Der eindrucksvolle Backsteinfabrikbau der einstigen Kühn'schen Firma und anschließend der volkseigenen Druckerei »Franz Maecker« dient heute anderen Bestimmungen. Im Nebengebäude befindet sich die Redaktion einer der beiden lokalen Zeitungen. Also werden hier heute immer noch »die feinen Fäden« gesponnen, wie Fontane die medialen Informationsflüsse nannte.

Durch eine Toreinfahrt trete ich hinaus auf die August-Bebel-Straße. Linker Hand leuchtet wieder die Fassade des Museums. Ich gehe nach rechts, vorbei an bescheidenen kleinen Häusern mit Rotdorn davor. Die Baumkronen sind zu Kugelköpfen beschnitten. Derartige Straßenbäume habe ich schon mehrmals in der Stadt gesehen. Über den zur Erneuerung aufgerissenen Bürgersteigen sinkt das Licht, und die Stadt und der Tag werden immer sanfter. Eine Tafel am Haus Nr. 5/6 weist das in dieser Gegend ungewöhnlich große Gebäude als Ludwigskaserne aus, errichtet 1707. Links um die Ecke in der querlaufenden Schinkelstraße ist die Feuerwehr stationiert. Rechter Hand, im Haus Schinkelstraße Nr. 2, befindet sich das Geschäft einer Drogeriekette. Ganz offensichtlich war hier einmal ein Kino. Im Tympanon über dem Eingang sind Putten zu erkennen, die eine Kamera und eine Projektionswand halten. Mit Blick auf die Bildfläche schlägt eine Eule mit den Flügeln. In christlicher Symboltradition ist die Eule negativ besetzt, in der Antike stand sie für Weisheit. Verzierungen aller Stilrichtungen findet man überall in der Stadt, immer à la mode und dem Geschmack der Bauherren entsprechend. Derart bedeutungsreich sind sie selten.

Diese Gegend der Stadt hatte das große Feuer von 1787 nicht erreicht. Neugierig gehe ich über die August-Bebel-Straße auf den Giebel eines Fachwerkhauses zu, der einige brachliegende Grundstücke überragt. Das dazugehörige Gebäude steht in der kurzen Schulzenstraße, die auf die Stadtmauer zu läuft. »M B L S ANNO 1689« ist in einen Balken geschnitzt. Das ist das älteste erhaltene Haus der Stadt. Es ist unbewohnbar. Vor dem Baugitter liegt Unrat. Unüberhörbar rollt über die Schinkelstraße der Abendverkehr, und ich hege die Hoffnung, dass dieses Haus nicht weiter zerfällt. Jeden Abend wird sich von dieser Seitenstraße aus die Stille über die ganze Stadt ausbreiten. Dieses Haus aber braucht eine belebende Unruhe.

Andere nicht genutzte Häuser stehen in diesem Viertel neben rekonstruierten, kleine und bescheiden zurechtgemachte neben hohen Gründerzeit-Mietshäusern in neuem Glanz. In der ein oder anderen staubgrauen Wand gibt es auch hier Fenster und Türen, die mit Kappen verschlossen sind. Manches Haus in diesem Viertel hier könnte wieder ein Schmuckkästchen werden.

In der abendlichen Robert-Koch-Straße, bei zunehmendem Fensterleuchten und immer mehr verebbenden

Verkehrsgeräuschen entdecke ich eine kleine Tafel. Sie zeigt an: In diesem Haus ist Eva Strittmatter (geb. 1930) aufgewachsen. Das ist die deutsche Dichterin, die ein Lied aus Stille machte, die sich im Spinnennetz der Einsamkeit fangen konnte, ohne dafür auch nur eine ihrer Verbindungen zur Welt zu kappen. Das ist eine Frau, die den Rotdorn in der Straße ihrer Kinderjahre nicht vergaß. Ich erinnere mich an eines ihrer sehr kurzen Gedichte. Es trägt den Titel »Haus«. Eva Strittmatter beschreibt »Haus«, indem sie feststellt, dass seine Räume Frieden haben, ihn einfach haben. Und sie sagt, dass die Zeit in ihnen ein- und ausgeht, als eine ununterbrechbare Folge von Tagen. Es folgt eine Feststellung von entwaffnender Einfachheit: »Für eine friedliche Seele / Wär das ein friedliches Haus.« Diese wenigen Worte bringen in mir etwas zum Schwingen. Alles und Jedes ist besonders, und nichts hat keine Bedeutung.

Am Bahnhof ist gerade ein Zug angekommen. Menschen strömen in die Stadt, Automotoren werden gezündet, Fahrradketten rasseln. Es ist fast die blaue Stunde und kühl. Nach wenigen Minuten legt sich unter den hohen Bäumen auf dem Vorplatz wieder alle Bewegung. Übrig bleiben nur junge Leute, die in kleinen Gruppen beieinanderstehen, sich noch nicht trennen können. Langsam kriecht die Dunkelheit hervor. Irgendwann werde ich nur noch die Bewegungen ihrer glimmenden Zigaretten sehen.

Später – ich konnte der Versuchung dieser neuen Errungenschaft nicht widerstehen –, nach dem Schwimmen in den heißen salzigen Wassern der Therme schwitze ich in der Sauna und schaue auf den See. Es ist Nacht geworden. Regen hat eingesetzt. Ich versuche, die Eindrücke von meinem heutigen Gang durch ein Stück kulturelles Gedächtnis zu ordnen.

Beredt liegt eine kleine Stadt da. Man vermag aus den Tiefen ihrer Zeitläufe das eine oder andere aufsteigen zu lassen. Finden wird man nichts anderes als Zeugnisse der Lebendigkeit, des Mutes und der Courage der Menschen, die hier gelebt haben und heute leben. Vielleicht ist das ein Weg, Lichtungen zu schlagen in das bedrängende Gestrüpp tagtäglicher Reize.

Zum Abkühlen stürze ich mich in den schwarzen, kalten See. Die Laternen auf der Uferpromenade verschmelzen hinter dem Regen zu Lichterketten. Parzival steht im blauen Licht. Leise rauscht der stiebende Regen über den See, nicht aber die Fontäne des Parzival.

Platanenallee von Karwe nach Seehof (linke Seite) und in Gildenhall

Der »Rote Max« – Turm des Hauptgebäudes der Landesirrenanstalt, heute Ruppiner Kliniken

Die Lanke

Unzählige Opfer aus den letzten Kriegstagen

Bahnhof Rheinsberger Tor (linke Seite)

Einst Garten des Kronprinzen

Die Pforte des Kronprinzen

Musensitz des Kronprinzen –
der Amalthea-Garten mit dem Apollo-Tempel

Der »Tempelgarten« – ein Kleinod brandenburgischer Gartenbaukunst des 18. und 19. Jahrhunderts

In Reih und Glied – Karl-Marx-Straße

Poststraße

Möhringstraße

Schinkelstraße

P

AUTOs
um die Ecke.

Alte Zeiten, alte Spuren in der Lazarettstraße (linke Seite)
und der Virchowstraße

Georg Insel seit 1873

Friedrich-Ebert-Straße

Fahrschule

August-Bebel-Straße mit Museum

MUSEUM

Das Noeldechen-Haus (1790/91) ist seit 1954 Sitz des Museums (gegründet 1864).

Neuruppins einstiger
Exportschlager – die Bilderbogen

Im Fontane-Raum – die Familienuhr der Fontanes ist eines der wertvollsten Exponate.

Ausschau vom Riesenrad des Martinimarktes

Frühklassizismus und Neorenaissance –
das Fontanehaus (1788) und ein Geschäftshaus (1916)

Pfarrkirche St. Marien, heute Kultur- und Konzerthaus

*Seit 1883 auf hohem Sockel –
Karl Friedrich Schinkel,
ein Werk von Max Wiese*

Schinkel auf dem Kirchplatz

Friedenseiche und Pfarrkirche

Der Schulplatz mit Altem Gymnasium und Friedrich Wilhelm II., dem »Wiedererbauer« Neuruppins

Schulplatz ohne und mit Rummel (Martinimarkt)

EX1
GRAND
FIRST CLAS PLAY CENTER

FITNESS
TV
Jeans Accessoires

*Die ehemalige Bilderbogen-Druckerei (links)
und die Bilderbogenpassage*

Siechenstraße
mit Siechenkapelle

Seit 2004 wieder
ein architektonisches
Schmuckstück
aus mittelalterlicher Zeit
mit modernem Leben

Die Hofseite der Siechenhauskapelle und das wertvolle Portal mit Terrakottenreliefs aus der Erbauungszeit des Gebäudes Ende des 15. Jahrhunderts

Das Uphus ist wahrscheinlich das älteste Neuruppiner Haus.

Die Stadt am Wasser

Klosterkirche St. Trinitatis, 1256 geweiht

Am Bollwerk

*Parzival am See –
Mythologie
am Ruppiner See,
1998 eingeweiht*

Die sagenumwobene Wichmann-Linde

Morgens am See

Blick von der Klosterkirche auf die Fridericus-Kaserne (1767/68)
und den Turm der Pfarrkirche und das Seehotel Fontane (rechte Seite)

Das Predigerwitwenhaus schrieb Kulturgeschichte: 1735 erbaut, überlebte es den großen Brand von 1787, beherbergte die Familie Schinkel von 1787 bis 1794 sowie später von 1854 bis um 1868 die Mutter und die Schwester Theodor Fontanes, heute u.a. Sitz der Karl-Friedrich-Schinkel-Gesellschaft.

*Die Hoffront
des Predigerwitwenhauses*

Eberesche

Geburtshaus der Dichterin Eva Strittmatter

Herbst am Paradeplatz (Bernhard-Matthias-Brasch-Platz)

Am Paradeplatz

Aufwändig restauriert: Haus Nr. 22 am Paradeplatz
(Ecke Friedrich-Engels-Straße/Breitscheidstraße)

Das Rathaus von hinten (ehemals Lazarett). Dort wurde durch ihren Schöpfer, Wieland Förster, und die brandenburgische Kulturministerin, Johanna Wanka, die Stele des in Neuruppin geborenen Dichters Erich Arendt am 15. April 2007 eingeweiht.

Weg zum See

Seit 1907 an Ort und Stelle:
Theodor Fontane, der rastende
Wanderer durch die Mark,
ein Werk des Bildhauers Max Wiese

Neue Flaggen im alten DDR-Neubaugebiet

Am Rande der Stadt

Im Stadtpark

Auf dem Friedhof
der ehemaligen Landesanstalt
an der Fehrbelliner Straße

Stadt und See aus der Vogelperspektive, Blick von Süden

… und von Westen

Civibus aevi futuri – Bürger der kommenden Zeit

Fotos von Peter Geisler (Seiten 1, 94, 95, 96),
alle anderen von Günter Rieger

Impressum

Lange Straße 63, 16818 Karwe/bei Neuruppin
Telefon: 03 39 25/7 10 63, Telefax: 03 39 25/9 06 22
info@edition-rieger.de, www.edition-rieger.de
Satz und Lithografie: Reihs Satzstudio, Köln
Druck: Westermann Druck Zwickau GmbH